AF197938

Texte schreiben

Erarbeitet von

Heike Baligand

Angelika Föhl

Nadine Pistor

Elke Schnepf-Rimsa

in Zusammenarbeit mit der
Westermann-Grundschulredaktion

Für die Ausleihe bearbeitet von

Heike Baligand

Christina von Weyhe

Unter Beratung von

Nadin Haida-Herklotz

Miriam Jacobs

Katharina Jorga

Insa Scheller

Christina von Weyhe

Prof. Dr. Anja Wildemann

Illustriert von

Gabie Hilgert und Karoline Kehr

Flex und Flora
Deutsch

4

Inhaltsverzeichnis

Inhaltsverzeichnis

Parallelgedichte schreiben

Zukunft
von Flora

Es kommt eine Zeit,
da kann man zum Mond fliegen,
da fahren wir mit Elektroautos,
da gibt es keinen Krieg.
Es kommt eine Zeit,
da bin ich ein berühmter Star,
da helfe ich bedrohten Tieren,
da räumen Roboter mein Zimmer auf.

Komm, wir kehren die Straße
von Ursula Wölfel

Komm, wir kehren die Straße
mit dem großen Besen.
Dann finden wir sieben Sachen:
Einen alten Fahrschein,
einen krummen Nagel,
eine Vogelfeder,
eine grüne Münze,
ein Bonbonpapier,
eine Spiegelscherbe,
und vielleicht,
und vielleicht
einen goldenen Knopf für deine Jacke!

Winter
von Flex

Eines Morgens ist der Winter da.
Mama sieht den Winter.
In der Nacht hat es geschneit.
Alle Pflanzen und Sträucher sind bezuckert.
Oma hört den Winter.
Sie hört die knirschenden Schritte auf dem Schnee
und den Schneeschieber.
Opa fühlt den Winter.
Er hat keine Handschuhe angezogen
und seine Hände sind eisigkalt.
Papa riecht den Winter.
Es riecht nach Schnee in der Luft
und duftet nach Plätzchen im Haus.

In allen Gedichten gibt es ein Muster.

Gedichte schreiben macht Spaß.

1 Sprich mit einem Partnerkind.
Welche Muster meint Flex?

Gedichte lesen und Schreibmuster erkennen
Sich mit einem Partnerkind austauschen

Ein Gedicht nach Vorlage schreiben

1 Wähle einen Ort aus. Du kannst dir auch selbst einen Ort ausdenken.

Dachboden	Schulhof	Kinderzimmer
Garage	Klassenzimmer	▬▬▬▬

2 Was könntest du dort finden? Schreibe ins Heft.

> 2) eine Kiste, ...

3 Schreibe das Gedicht mit deinen Ideen
von Aufgabe 1 und 2 auf ein Blatt. Denke auch an passende Adjektive.

Komm, wir kehren ▬▬▬▬▬▬▬▬

von ▬▬▬▬▬▬

Komm, wir kehren ▬▬▬▬▬▬▬
mit dem großen Besen.
Dann finden wir sieben Sachen:

▬▬▬▬▬▬▬

▬▬▬▬▬▬▬

▬▬▬▬▬▬▬

▬▬▬▬▬▬▬

▬▬▬▬▬▬▬

▬▬▬▬▬▬▬

▬▬▬▬▬▬▬

und vielleicht,
und vielleicht

▬▬▬▬▬▬ !

> Der letzte Gegenstand
> soll etwas ganz
> Besonderes sein.

4 Übe dein Gedicht für einen Vortrag. Sprich laut und deutlich.

5 Trage dein Gedicht einem Partnerkind vor.

  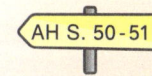

Geschichten untersuchen und schreiben

1 Sprich mit einem Partnerkind.
Zu welchen Teilen passen Floras Karten?

2 Lies die Erlebnisgeschichte.

Heimweg mit Hindernis

?

Endlich war die Schule zu Ende. Ich machte mich schnell auf den Heimweg, denn ich hatte einen Bärenhunger.

?

Wie immer kam ich an dem Garten mit dem sabbernden Riesenhund vorbei. Zum Glück trennte uns ein hoher
5 Gartenzaun. Trotzdem hasste ich diese Stelle aus vollem Herzen. Aber was war das denn? Mist!

?

Das Gartentor stand sperrangelweit offen. Mir wurde richtig mulmig zumute. Ich flüsterte leise: „Bitte, bitte nicht!"
Da passierte es auch schon. Das zottelige Riesenvieh schoss
10 pfeilschnell zum Tor hinaus. Ich erstarrte vor Angst.
Mein Herz raste. Jetzt würde mich dieses mörderische Fellmonster auffressen. Ich kniff die Augen zu und erwartete mein Schicksal. Aber nichts geschah. Überhaupt nichts.

Den Aufbau einer Erlebnisgeschichte kennenlernen
Die Begriffe *Einleitung*, *Hauptteil mit Wendepunkt*, *Schluss* zuordnen ▶◀ HR

Stattdessen rief eine tiefe Stimme hinter mir:

15 „Alles gut, Junge! Er ist bei mir. Ich habe vergessen,
das Tor zu schließen. Soll nicht mehr vorkommen."
Ich drehte mich um. Da saß das Ungetüm angeleint und
völlig friedlich neben seinem Herrchen. Tierisch Glück gehabt!

?

3 Schreibe die passenden Wörter zur Geschichte
von Aufgabe 2 mit Zeilenangaben ins Heft.

3) Einleitung: Z ...

| Wendepunkt | Einleitung | Schluss | Hauptteil |

Geschichten gliedern sich in drei Teile.
In der **Einleitung** erzählst du, wer die Hauptfigur ist und wo die Geschichte spielt.
Im **Hauptteil** schreibst du, was in der Geschichte passiert.
Hier gibt es einen **Wendepunkt**. Es passiert etwas Unerwartetes.
Im Hauptteil steht auch, wie sich deine Hauptfigur fühlt.
Am **Schluss** erzählst du, wie die Geschichte ausgeht.

4 Lies Floras Tipps.

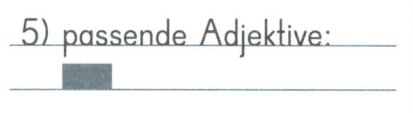

Deine Erlebnisgeschichte wird besser, wenn du

- **passende Adjektive verwendest:** ein sabbernder Riesenhund, ...
- **Fragen und Ausrufe einfügst:** Was war das denn?, ...
- **wörtliche Rede benutzt:** „Bitte, bitte nicht!", ...
- **die Gedanken und Gefühle der Hauptfigur beschreibst:**
  dann hatte ich einen Bärenhunger, ...

5 Welche weiteren Wörter und Sätze machen
die Geschichte von Aufgabe 2 interessant?
Ergänze Beispiele zu den Tipps von Aufgabe 4.
Schreibe ins Heft.

5) passende Adjektive:

| passende Adjektive |

| Fragen und Ausrufe |

| Wörtliche Rede | | Gefühle |

Fachwörter zur Gliederung einer Geschichte verwenden
Spannungstragende Elemente wiederholen und ergänzen

KV 94
Fö 97/Fo 43
▶ HR

92-93

7

Den Aufbau einer Geschichte untersuchen

1 Lies die Geschichte zuerst allein.

Der große Knall

Meine Eltern waren unterwegs und ich wollte an Papas Computer zocken.
Das durfte ich aber nur, wenn er zuhause war. „Kein Kind geht
ohne meine Erlaubnis an meinen PC!", betonte er immer.
Aber was sollte schon schief gehen?

5 Voller Vorfreude öffnete ich also das Spiel auf Papas PC und begann,
meinen Burggraben auszubauen und die gefährlichen Krokodile
hineinzusetzen. Da hörte ich es. Zuerst ein seltsames Surren
und dann – PENG – gab es einen ohrenbetäubenden Knall.
Der Bildschirm wurde schwarz und es roch verbrannt.

10 Entsetzt starrte ich auf den PC. Tränen schossen mir in die Augen.
„Oh je", dachte ich panisch, „das gibt richtig Ärger!"
In diesem Moment öffnete sich die Wohnungstür.
„Was ist denn hier los? Es riecht so komisch", rief Mama.
Papa stürzte bereits auf mich zu: „Alles okay bei dir?"

15 „Ja, bei mir schon. Aber ich habe Mist gebaut",
schniefte ich kleinlaut. „Tja, sieht schwer
nach einem Kurzschluss aus", meinte mein Vater grimmig.
Puh! Von diesem Schreck musste ich mich erst einmal erholen.

2 Schreibe die verschiedenen Teile der Geschichte
von Aufgabe 2 mit Zeilenangaben ins Heft:
die **Einleitung**,
den **Hauptteil**,
den **Wendepunkt** und
den **Schluss**.

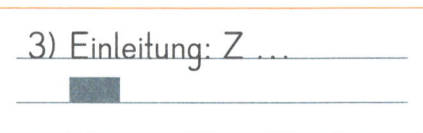

3) Einleitung: Z ...

3 Sprich mit deinem Partnerkind:

a) Welche Zeilen habt ihr den Teilen der Geschichte zugeordnet? Vergleicht.

b) Was habt ihr als Wendepunkt in der Geschichte erkannt? Warum?

c) Warum lest ihr die Geschichte gern? Begründet.

4 Wählt eine Geschichte aus, die ihr geschrieben habt.
Überprüft, ob es darin einen Wendepunkt gibt.

Den Wendepunkt in einer Geschichte ergänzen

 **1** Suche dir ein Partnerkind für die Aufgaben 2–5 und 8.

2 Lies die Geschichte zuerst allein.

> Am Sonntag war Lola schon früh wach. Ihre Eltern schliefen noch.
> „Ich werde sie mit dem Frühstück überraschen", dachte sie.
> Dann weckte sie ihre Eltern und sie frühstückten gemeinsam.
> Was für ein schöner Sonntagmorgen.

3 Sprecht über diese Fragen:

a) Wie wirkt die Geschichte von Aufgabe 2 auf euch als Leserin oder Leser?

b) Woran liegt das?

4 Welcher Teil einer Geschichte ist im Text nicht enthalten?

| Einleitung | Hauptteil mit Wendepunkt | Schluss |

5 Ab welcher Stelle wollt ihr die Geschichte von Aufgabe 2 verändern?
Zeigt diese Stelle und sprecht darüber.

6 Was könnte in der Geschichte Ungeplantes passieren? Sammle Ideen in einem Gedankenschwarm im Heft.

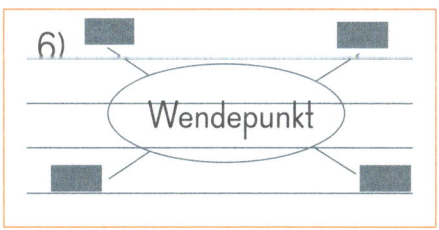

7 Schreibe deine veränderte Erlebnisgeschichte ins Heft. Denke an eine Überschrift.

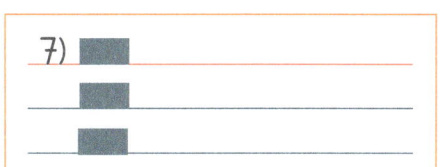

 **8** Lies deinem Partnerkind deine Geschichte vor. Welche Stelle hat ihm besonders gut gefallen? Kennzeichne sie mit einem Smiley ☺.

Eine Erlebnisgeschichte überarbeiten
Den Hauptteil einer Geschichte spannender gestalten
Die Wirkung von Texten vergleichen

Fö 98
HR

9

Eine Erlebnisgeschichte überarbeiten

1 Lies die Erlebnisgeschichte.

Fünf Meter sind hoch

Am letzten Wochenende war ich
mit meinem Vater im Schwimmbad,
denn ich wollte unbedingt
vom 5-m-Turm springen.
5 Der Sprungturm war geöffnet.
Schnell kletterte ich
die Leiter hoch. `1`
Aber oben war es dann viel höher,
als ich gedacht hatte. `2`
10 Hinter mir stand ein Kind,
das mir Mut machte. `3`
Ich schaute nochmal kurz
in die Tiefe und dann sprang ich.
Ich merkte noch, wie mein Mund
15 sich öffnete. `4`
Dann war ich schon im Wasser. `5`
Mein Vater umarmte mich
am Beckenrand und lachte. `6`
„Das war spitze!", jubelte ich. `7`
20 Jetzt, wo ich es vorgemacht hatte,
wollte er unbedingt auch
einen Sprung wagen.

> Beschreibe die Gefühle und Gedanken deiner Personen. Lass sie sprechen.

A Es war ein langer Aufstieg.

B Meine Knie wurden weich wie Butter.

C Ich brüllte: „Uaaaaa!"

D „Das war toll!", dachte ich.

E Ich hüpfte vor Freude auf und ab.

F „Sensationell!", rief er.

G „Spring einfach!", sagte es.

2 Zeige die verschiedenen Teile der Geschichte von Aufgabe 1 einem Partnerkind: die **Einleitung**, den **Hauptteil**, den **Wendepunkt** und den **Schluss**.

3 Sprich mit einem Partnerkind.
Zu welchen Stellen in der Geschichte passen die Überarbeitungsvorschläge rechts am Rand?
Schreibe ins Heft.

3) 1 – A

4 Lies einem Partnerkind die Geschichte ohne die neuen Sätze und dann mit den neuen Sätzen vor.
Sprecht über den Unterschied.

Gibt es wörtliche Rede?

Einleitung, Hauptteil und Schluss identifzieren
Den Hauptteil einer Geschichte spannender gestalten
Die Wirkung von Texten vergleichen

KV 95

Eine Erlebnisgeschichte schreiben

1 Lies die Karten mit den Stichworten.

A Endlich hörte ich die Stimme des Burgführers.

B vor den Sommerferien

C Klassenausflug Burg Rabenstein

D Nachdem ich es gefunden hatte, suchte ich die Gruppe.

E Ich ging zum Eingang zurück, weil ich dort mein Handy vergessen hatte.

F Burgführer führte Gruppe durch Burg

G ging in einen Gang, großes Fallgitter fiel herunter, eingesperrt

H Fallgitter wurde hochgezogen, war froh, bei den anderen zu sein

I ich rüttelte am Gitter, nichts passierte, Angst, Verzweiflung

2 Welche Karten passen zu den Teilen der Geschichte (**Einleitung**, **Hauptteil**, **Wendepunkt** und **Schluss**)? Schreibe ins Heft.

2) Einleitung:
B, ...

3 Schau dir das Bild an. Wie fühlte sich der Junge, was dachte und tat er? Notiere deine Ideen ins Heft.

3)

4)

4 Schreibe eine Geschichte über den Klassenausflug zur Burg Rabenstein ins Heft.

a) Beantworte in der Einleitung die Fragen **Wer?** und **Wo?**.

b) Verwende im Hauptteil passende Adjektive, Ausrufe, Fragen und wörtliche Rede. Mache die Gefühle und Gedanken des Jungen deutlich.

c) Schreibe den Schluss der Geschichte.

Denke an den Wendepunkt.

 **5** Lies deine Geschichte einem Partnerkind vor. Dein Partnerkind überprüft, ob du den Aufbau und die Schreibtipps beachtet hast. Überarbeite deine Geschichte.

Einleitung, Hauptteil und Schluss identifzieren
Gefühle und Gedanken der Hauptfigur antizipieren
Eine selbst verfasste Geschichte kriterienorientiert überprüfen

KV 96
Fö 99/Fo 43
HR

AH S. 52-53

11

Diskutieren und Standpunkte vertreten

Herzlich willkommen zu unserer Diskussion. Wir wollen heute …

Ich bin dagegen, dass lebende Tiere in der Schule erlaubt sind, weil …

Ich bin dafür, Tiere in der Schule zu halten, weil …

Moderatorin / Moderator

Kontra-Kind

Pro-Kind

Pro-Kind

Kontra-Kind

Die Kinder haben in dieser Diskussion verschiedene Rollen.

1 Suche dir ein Partnerkind für die Aufgaben 2–3.

2 Was meint Flora? Sprecht darüber.

3 Welche Erklärung passt zu welcher Rolle? Sprecht darüber.

Moderatorin / Moderator	Ich sage meine Meinung zum Thema und nenne Argumente, die dagegen sprechen.
Pro-Kind	Ich leite die Diskussion. Ich begrüße alle und stelle das Thema vor. Wenn jemand sich nicht an unsere Gesprächsregeln hält, erinnere ich daran.
Kontra-Kind	Ich sage meine Meinung zum Thema und nenne Argumente, die dafür sprechen.

Ein Diskussionsthema kennenlernen
Ämter der Klassendiskussion kennenlernen
Über die Funktion von Ämtern in Diskussionen nachdenken

4 Was denkst du?

Sollten echte Tiere als Klassentiere in der Schule erlaubt sein?

Bist du dafür oder dagegen?
Schreibe ins Heft.

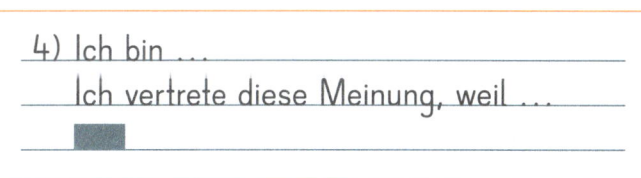

4) Ich bin ...
Ich vertrete diese Meinung, weil ...

 **5** Sucht euch drei weitere Kinder für die Aufgaben 6–8.

 **6** Stellt euch eure Meinungen vor und tauscht eure Argumente aus.
Benutzt bei eurer Diskussion die Satzanfänge in den Sprechblasen.

Ich denke, dass ...

Ich verstehe dein Argument, aber ...

Ich bleibe höflich und sachlich.

Ein Argument dafür ist ...

Mein Standpunkt ist ...
Dafür spricht, dass ...

Du sagst, dass ...
Ich meine aber ...

Ich finde ...,
weil ...

 **7** Welches Ergebnis hat eure Diskussion? Sprecht darüber.

Wir sind dafür. Wir sind dagegen. Wir konnten uns nicht einigen.

 **8** Diskutiert das Thema

Fische sind tolle Tiere für die Schule

in der Gruppe. Zwei Kinder sind dafür (pro) und zwei dagegen (kontra).
Ein Kind leitet das Gespräch.

Wenn mehrere Personen über ein Thema sprechen, nennt man das eine
Diskussion. In einer **Diskussion** haben Personen verschiedene **Standpunkte**.
Es gibt **Argumente**, die dafür (**pro**) oder dagegen (**kontra**) sprechen. Wenn du
mit anderen diskutierst, gelten die Gesprächsregeln.

Sich eine Meinung bilden und begründen
Ein Anliegen argumentativ vertreten und Argumente anderer kennenlernen
Diskussionsregeln beachten

KV 97, 98
Fö 100, 101
HR

94 **13**

Eine Diskussion vorbereiten und führen

 **1** Suche dir vier Kinder für eine Gruppe für die Aufgaben 1–10.

 **2** Schaut euch das Foto an.
Lest die Texte neben dem Foto.

> Cool, kein Stress am Morgen!

> Dann gibt es kein Gerede mehr darüber, was man anhat.

> Ich ziehe doch nicht jeden Tag Sachen in den gleichen Farben an!

> Ich gehe gern shoppen und zeige die Sachen in der Schule.

 **3** Sprecht darüber, welche Argumente für (pro)
und welche gegen (kontra) das Tragen einer Schuluniform sprechen.

 **4** Jedes Kind findet weitere Argumente für (pro) oder gegen (kontra) das Tragen einer Schuluniform und schreibt sie geordnet ins Heft.

4) Pro: für eine Schuluniform	Kontra: gegen eine Schuluniform
▬▬▬▬	▬▬▬▬
▬▬▬▬	▬▬▬▬
▬▬▬▬	▬▬▬▬

5 Stellt euch in der Gruppe gegenseitig vor, welche Argumente ihr in Aufgabe 4 gefunden habt. Ergänzt.

5) ▬▬
▬▬

 **6** Bist du für oder gegen eine Schuluniform?
Begründe deine Meinung.
Nutze deine Argumente, um deinen Standpunkt deutlich zu machen.

Ein Diskussionsanliegen kennenlernen
Lokale und globale Kohärenz entwickeln
Den eigenen Standpunkt angemessen vortragen und begründen

7 Bereitet eure Diskussion vor.

Verteilt die Rollen.
Schreibt ins Heft.

7) Moderatorin / Moderator:	
Kind 1 (pro): ▬	Kind 3 (kontra): ▬
Kind 2 (pro): ▬	Kind 4 (kontra): ▬

8 Bereitet einzeln für euch vor, was ihr in der Diskussion sagen möchtet.
Die Satzanfänge helfen dabei.

> Ich bin der Meinung, dass …
>
> Ich finde, dass …
>
> Ein Argument dafür/dagegen ist, dass …
>
> Mein Standpunkt ist …
>
> Ich meine, dass …
>
> Dagegen/Dafür spricht, dass …

9 Diskutiert das Thema

Tragen einer Schuluniform

in eurer Gruppe.
Nutzt eure Notizen.

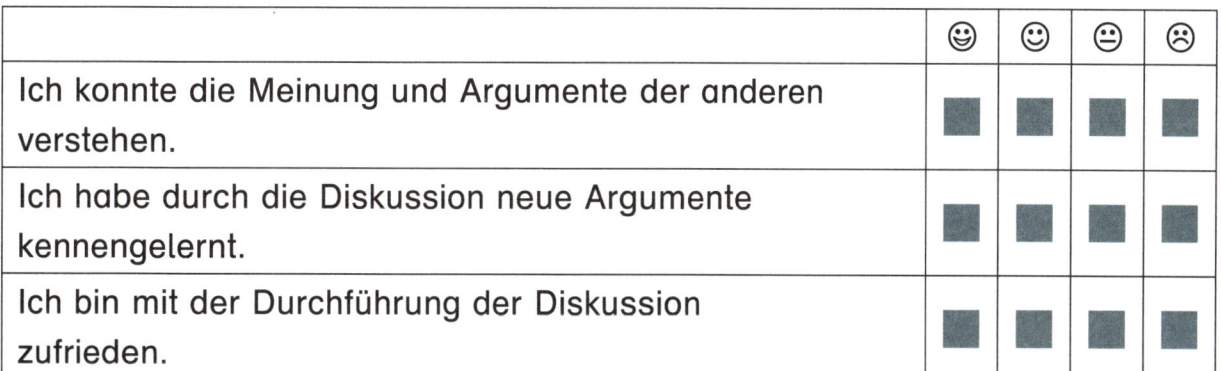

10 Welches Ergebnis hat eure Diskussion?
Sprecht darüber.
Die Moderatorin oder der Moderator
stellt euer Ergebnis in der Klasse vor.

11 Lies die Sätze und überlege, was für dich zutrifft.

	☺	☺	😐	☹
Ich konnte die Meinung und Argumente der anderen verstehen.	▪	▪	▪	▪
Ich habe durch die Diskussion neue Argumente kennengelernt.	▪	▪	▪	▪
Ich bin mit der Durchführung der Diskussion zufrieden.	▪	▪	▪	▪

Sich Notizen zur Vorbereitung machen
Einen Standpunkt vertreten und Bezug auf Gesagtes nehmen
Sich an einer Diskussion beteiligen und darüber reflektieren

KV 97, 98
Fö 100, 101/Fo 44, 45
HR

15

Einen Standpunkt vertreten

1 Wähle ein Thema für eine Sammlung von Pro- und Kontra-Argumenten aus.

> Dürfen die Kinder
> ein Smartphone
> mit auf die Klassenfahrt
> nehmen?

> Sollen die Kinder
> auf einer 3-tägigen Klassenfahrt
> zu einer alten Burg einen
> freien Nachmittag haben?

> Soll man das Taschengeld
> für die Klassenfahrt
> für alle gleich
> festlegen?

> Dürfen die Kinder auf einer
> Klassenfahrt zu dritt
> in die Stadt gehen? Es ist
> ein Fußweg von 20 Minuten.

2 Finde zu deinem Thema Pro- und Kontra-Argumente.
Schreibe sie geordnet ins Heft.

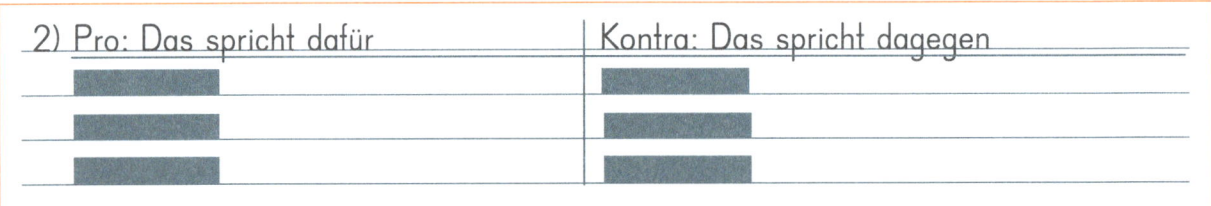

2) Pro: Das spricht dafür | Kontra: Das spricht dagegen

3 Welchen Standpunkt vertrittst du? Warum?
Nutze die Argumente von Aufgabe 2.
Nimm deinen Standpunkt und
deine Argumente als Audio-Datei auf.

> Ihr könnt
> die Themen auch
> in der Klasse
> diskutieren.

4 Suche dir ein Partnerkind.
Spiele ihm die Aufnahme vor
und lass dir eine Rückmeldung geben.
Welches deiner Argumente hat dein Partnerkind am meisten überzeugt?

16

Ein Diskussionsthema auswählen
Argumente sammeln und geordnet aufschreiben
Einen Standpunkt aufnehmen und eine Rückmeldung einholen

KV 97, 98
Fö 100, 101/Fo 44, 45

Wünsche formulieren und begründen

1 Sammle deine Wünsche im Gedankenschwarm im Heft. Überlege dir dabei jeweils, warum du diesen Wunsch hast.

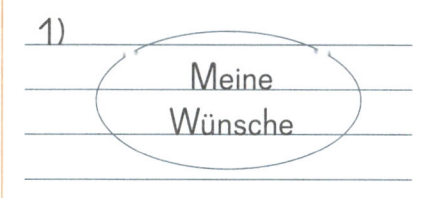

1)

Meine
Wünsche

Mit guten Argumenten kannst du andere überzeugen!

2 Wähle deinen wichtigsten Wunsch aus. Markiere ihn in deinem Gedankenschwarm. Notiere deinen Wunsch und begründe, warum du diesen Wunsch hast. Schreibe ins Heft.

2) Ich wünsche mir _____,
weil ...

3 Stelle dir vor, deine Eltern sind gegen deinen Wunsch.

a) Welches Argument könnten sie dagegen haben?

3 a)

b) Wie könntest du das Argument deiner Eltern entkräften?

Schreibe ins Heft.

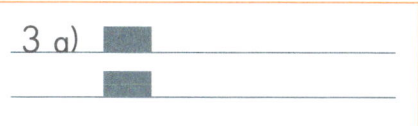

3 b) Ihr denkt wahrscheinlich, dass ...
Trotzdem ...

Eigene Anliegen formulieren und Wünsche sammeln
Einen Wunsch argumentativ stützen
Die Perspektive anderer einnehmen und Argumente entkräften

17

Figuren beschreiben

Da steht Toni!

Und wer genau ist Toni?

1 Sprich mit einem Partnerkind.
Was muss Flex tun, damit Flora Toni erkennt?

2 Lies den Text. Findest du die Person im Bild?

Toni ist ein Mädchen, etwa zehn Jahre alt und schlank.
Ihre langen Haare hat sie zu zwei Zöpfen geflochten.
Sie sind braun wie Haselnüsse. Sie hat ein rundes Gesicht
und auf ihrer kleinen Nase sind so viele Sommersprossen wie Sand am Meer.
Toni trägt ein rotes, kurzärmliges T-Shirt. Mit den schwarzen Punkten
sieht es aus wie ein Marienkäfer. An ihrem rechten Arm
sieht man viele dünne Armbänder, die bunt wie ein Regenbogen sind.
Das Mädchen trägt eine blaue Jeans.
Tonis Füße stecken in knallroten Turnschuhen mit Klettverschlüssen.

3 Wie wird die Person beschrieben?
Zeige einem Partnerkind die richtigen Aussagen.

- Es gibt einen einleitenden Satz.
- Die Beschreibung erfolgt von unten nach oben.
- Es gibt Vergleiche bei der Beschreibung.
- Die Beschreibung erfolgt von oben nach unten.
- Wir erfahren etwas über das Leben der Person.

Eine Personenbeschreibung lesen
Erkennen, welche Kriterien für eine Personenbeschreibung
gelten

4 Untersuche die Beschreibung von Aufgabe 2.

a) Finde alle Adjektive im Text.
Schreibe sie ins Heft.

b) An drei Stellen werden Dinge mit anderen Dingen verglichen.
Schreibe sie ins Heft.

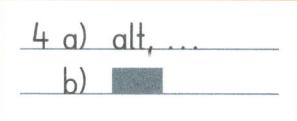

4 a) alt, ...
   b)

Wenn du eine Person, eine Sache, ein Tier oder eine Figur beschreibst,
musst du das **sehr genau** machen. Dann kann man sich gut vorstellen,
was du meinst. Für eine genaue **Beschreibung** sind **Adjektive** hilfreich.
Vergleiche machen die Beschreibung noch anschaulicher:
braun wie Haselnüsse, so groß wie ein Elefant.

5 Finde eigene Vergleiche. Schreibe sie ins Heft.

blau wie der Himmel   rot wie

groß wie   lang wie

kräftig wie   wie

5) blau wie ...

6 Beschreibe eine weitere Person vom Bild auf Seite 18.
Schreibe ins Heft.
Verwende auch Vergleiche.

6)

Bei Vergleichen kannst du an Natur, Gegenstände oder Lebewesen denken.

stark wie ein Bär, groß wie ein ...

Rund wie eine Kugel, blau wie ein ...

7 Lies deine Beschreibung einem Partnerkind vor.
Was hast du besonders gut beschrieben?
Sprecht darüber.

Eine Beschreibung untersuchen
Vergleiche anstellen, um Adjektive zu präzisieren
Eine Beschreibung verfassen

KV 99
Fö 102

95-96   AH S. 54-55

T2

19

E-Mails schreiben

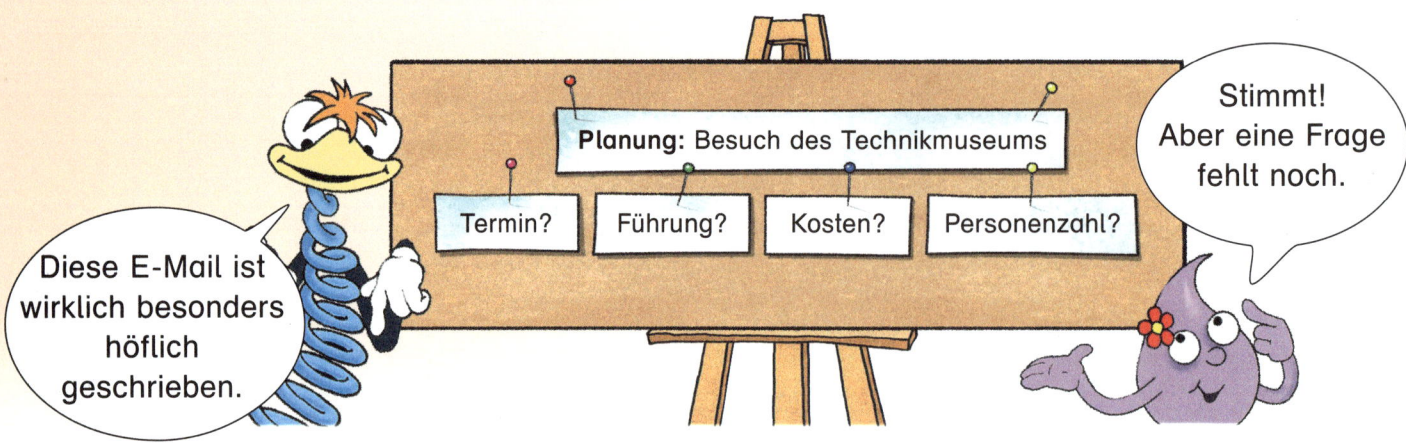

Diese E-Mail ist wirklich besonders höflich geschrieben.

Planung: Besuch des Technikmuseums

Termin? Führung? Kosten? Personenzahl?

Stimmt! Aber eine Frage fehlt noch.

An... museum@technik.de

Cc...

Betreff: Besuch im Technikmuseum

Sehr geehrte Damen und Herren,

unsere Klasse 4c möchte am Freitag, den 17. Mai, Ihr Museum besuchen. Wir sind 25 Kinder und zwei Begleitpersonen.
Können wir um 11.00 Uhr zu Ihnen kommen? Was würde der Besuch für uns alle kosten?
Über eine Antwort von Ihnen würden wir uns sehr freuen.

Mit freundlichen Grüßen
Klasse 4c der Turmschule

---

1 Sprich mit einem Partnerkind.

a) Was meint Flex mit **höflich**?

b) Welche Frage wurde vergessen?

2 Lies die beiden E-Mail-Auszüge.

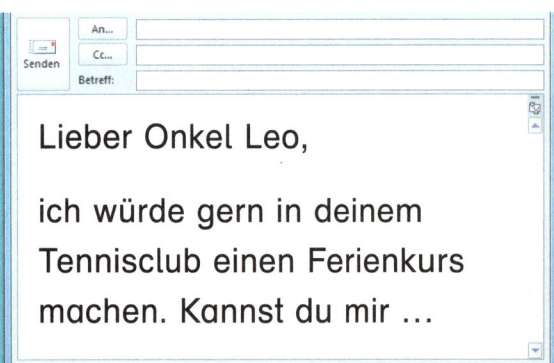

Lieber Onkel Leo,

ich würde gern in deinem Tennisclub einen Ferienkurs machen. Kannst du mir …

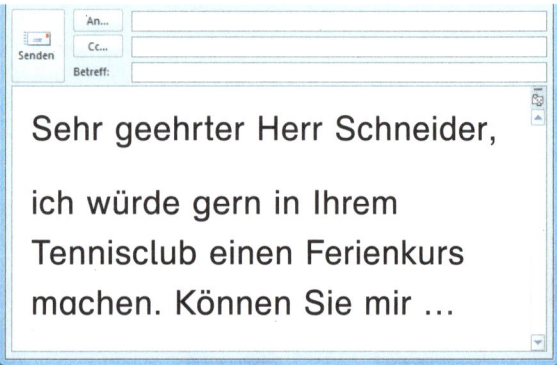

Sehr geehrter Herr Schneider,

ich würde gern in Ihrem Tennisclub einen Ferienkurs machen. Können Sie mir …

E-Mails lesen und darüber sprechen
Eine E-Mail auf Vollständigkeit prüfen

3 Finde die Unterschiede in den beiden E-Mails von Aufgabe 2.

4 Lies die Anreden und die Grüße.

Mit herzlichem Dank …	Hallo …
Lieber …	Viele Grüße …
Mit freundlichen Grüßen …	Herzlichst …
Ihr Lieben …	Liebe Grüße …
Sehr geehrte …	Hi …
Sehr geehrte Damen und Herren, …	

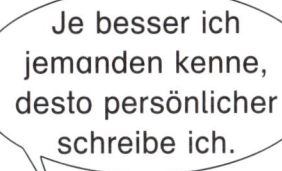

Je besser ich jemanden kenne, desto persönlicher schreibe ich.

5 Wähle je zwei Anreden und Grüße von Aufgabe 4 aus und schreibe sie geordnet ins Heft.

5) Den Empfänger	kenne ich gut	kenne ich nicht
Anrede	▬	▬
	▬	▬
Gruß	▬	▬
	▬	▬

6 Lies die E-Mail oben auf Seite 20. Schreibe ins Heft.

6) Betreff: ▬
   Anrede: ▬
   höfliche Anredepronomen: ▬
   Grüße: ▬

Auch beim Sprechen richtet sich die Form nach dem Adressaten.

Kannst du mir den Weg zeigen?

Können Sie mir den Weg zeigen?

Wenn du an jemanden schreibst, richtet sich die Form deines Schreibens nach dem Adressaten und dem Anlass. Schreibst du deine Nachricht an eine Person, die du nicht kennst, verwendest du **höfliche Anredepronomen**: **Sie, Ihnen, Ihr, Ihre**. Auch **Anrede** und die **Grüße** musst du passend auswählen.

Fantastisches erzählen und schreiben

1 Sprich mit einem Partnerkind. Was könnte passieren, wenn man auf den Knopf drückt?

2 Notiere deine Ideen für eine Fantasiegeschichte im Heft.

Einleitung:	Wer ist die Hauptfigur?
	Wo spielt die Geschichte?
Hauptteil:	Welches unerwartete fantastische Ereignis passiert?
	Wie fühlt sich die Hauptfigur?
	Was passiert dann?
Schluss:	Wie endet die Geschichte?

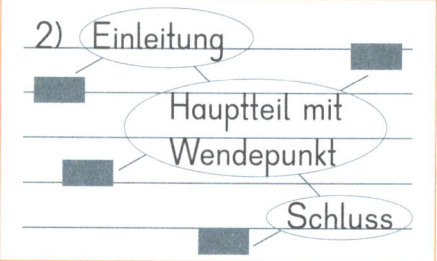

Eine Fantasiegeschichte ist eine oft spannende Geschichte, die im echten Leben so nicht passieren kann. Darin kommen fantastische Orte oder Figuren vor. Oft haben die Figuren außergewöhnliche Fähigkeiten.

3 Schreibe eine Fantasiegeschichte ins Heft. Denke an die Überschrift.

4 Suche dir zwei Kinder für eine Gruppe.

a) Lies ihnen deine Geschichte vor.

b) Überarbeitet deine Geschichte mithilfe des Überarbeitungskreises.

Assoziationen zu einem fantastischen Bildimpuls sammeln
Ideen für eine Fantasiegeschichte sammeln
Eine Fantasiegeschichte planen und dabei auch auf Spannung achten　HR

Eine Fantasiegeschichte weiterschreiben

1 Lies den Geschichtenanfang.

Im Keller hatte ich dieses kleine Tütchen
mit quietschbunten Samenkörnern entdeckt.
Solche seltsamen Körner hatte ich noch nie zuvor geseh
Neugierig grub ich sie in unserem Vorgarten ein.
Niemals hätte ich damit gerechnet,
was dann passierte.

2 Schau dir das Bild zusammen mit einem Partnerkind an.
Was könnte hier passieren? Sprecht darüber.

3 Sammle Stichwörter für
den Hauptteil mit Wendepunkt und
den Schluss der Geschichte im Heft.

Hauptteil:	Welches unerwartete fantastische Ereignis passiert?
	Wie fühlt sich die Hauptfigur?
	Was passiert dann?
Schluss:	Wie endet die Geschichte?

4 Schreibe deine Fantasiegeschichte ins Heft.
Denke an die Überschrift.

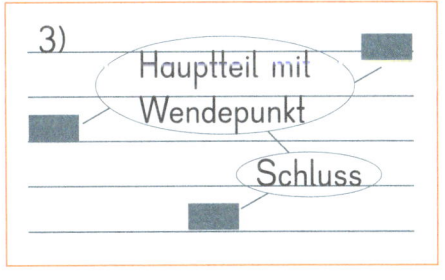

5 Lies deine Geschichte einem Partnerkind vor.
Welche Stelle hat ihm besonders gefallen?
Kennzeichne sie mit einem Smiley ☺.

Den Textanfang einer Fantasiegeschichte zeichnerisch fortsetzen
Die Rolle einer Erzählerin oder eines Erzählers einnehmen
Hauptteil und Schluss einer Fantasiegeschichte schreiben

HR

99 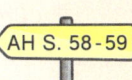 AH S. 58-59 **23**

Anleitungen schreiben

1 Suche dir ein Partnerkind.
für die Aufgaben 2–9.

2 Was meint Flora? Sprecht darüber.

3 Lest den Anfang der Spielanleitung.
Was braucht ihr für das Spiel? Sprecht darüber.

Spielanleitung für das Murmelspiel

Anzahl der Spielerinnen und Spieler   **Spielmaterial**

▬   ▬

Spielvorbereitung
Zuerst machst du ein Loch von ca. 10 cm Durchmesser.
Danach gehst du 7 große Schritte vom Loch weg und markierst
diese Stelle mit einem Strich. An diesem Strich stellen sich alle Kinder auf,
die mitspielen. Von hier werden die Murmeln in das Loch gerollt.
Jedes Kind erhält 5 Murmeln.

Über die Notwendigkeit von Spielanleitungen sprechen
Den Anfang einer Spielanleitung lesen

 **4** Probiert aus, wie man
das Murmelspiel spielen kann.
Notiert Stichwörter ins Heft.

4) ▬
   ▬

 **5** Überlegt euch Spielregeln
für das Murmelspiel.
Beschreibt auch das Ende des Spiels.
Schreibt ins Heft.

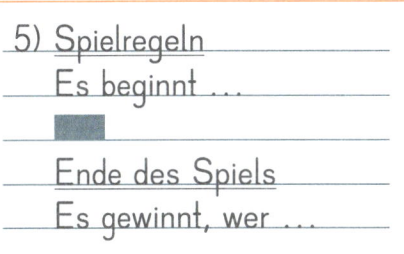

5) Spielregeln
   Es beginnt …
   ▬
   Ende des Spiels
   Es gewinnt, wer …

Spielfeld?
Murmel hinter dem Loch?
Mich woanders hinstellen?

 **6** Sucht euch zwei weitere Kinder
für eine Gruppe für die Aufgaben 7 und 8.

 **7** Lest gemeinsam eure Spielanleitungen.

a) Welche Regeln sind sinnvoll?

b) Welche Regeln könnt ihr weglassen oder verändern?

c) Braucht ihr noch weitere Regeln?

 **8** Spielt das Spiel gemeinsam in der Pause.

> Eine **Anleitung** besteht aus der **Überschrift**, der **Materialliste** und
> den einzelnen **Arbeitsschritten**. Du beschreibst die einzelnen Schritte genau
> und in einer sinnvollen Reihenfolge, so dass man die Anleitung gut nutzen kann.
> Du verwendest für eine Anleitung das **Präsens**.

 **9** Überlegt euch gemeinsam ein weiteres Spiel,
das man mit Murmeln spielen kann.

Eine Spielanleitung für ein Brettspiel schreiben

1 Suche dir ein Partnerkind für die Aufgaben 2–5.

2 Schaut euch den Spielplan an. Sprecht über mögliche Spielideen. Welche Spielregeln sollen gelten?

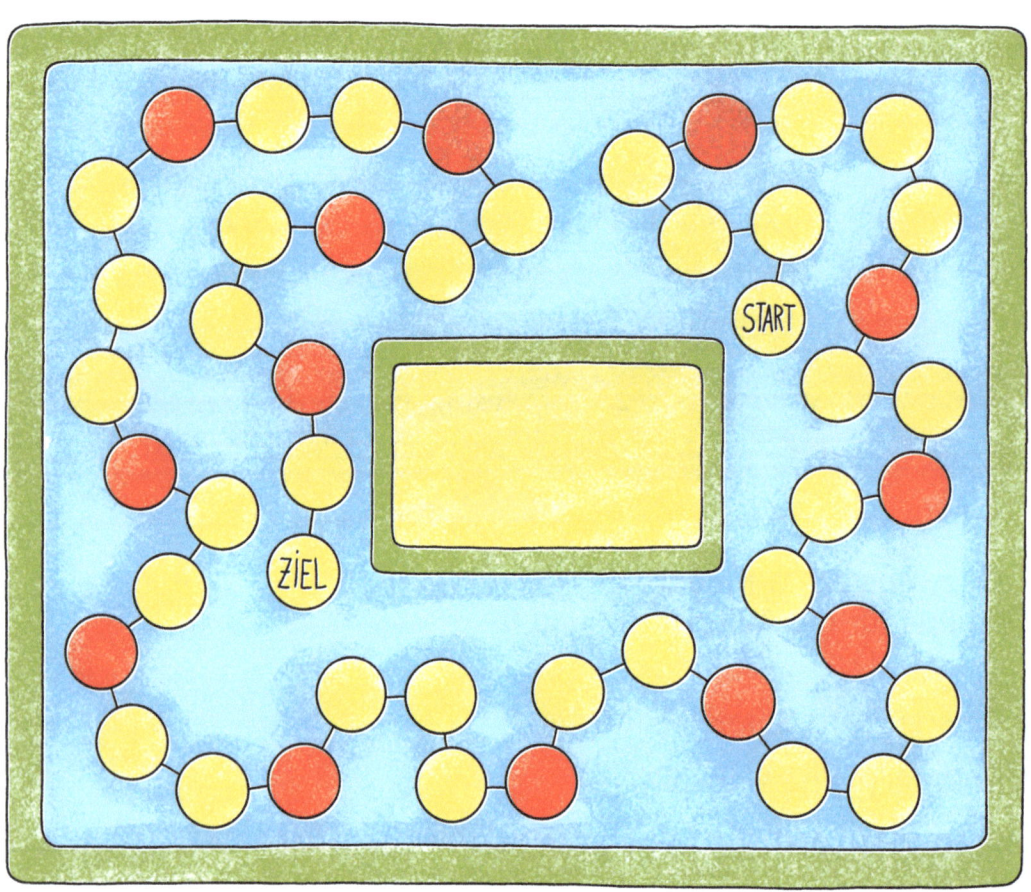

3 Schreibt weitere Ereigniskarten für euer Spiel.

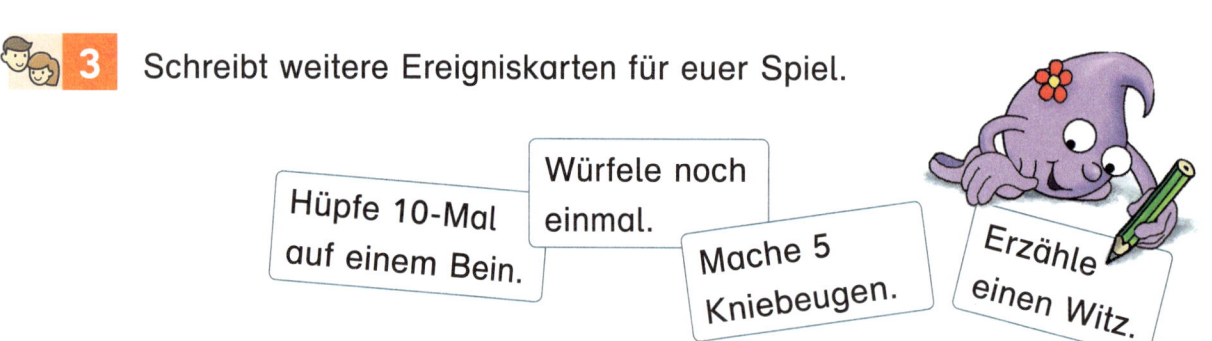

Hüpfe 10-Mal auf einem Bein.

Würfele noch einmal.

Mache 5 Kniebeugen.

Erzähle einen Witz.

4 Schreibt eine Spielanleitung für das Brettspiel.

4) Anzahl der Spielerinnen und Spieler: ▬
Spielmaterial: ▬
Spielregeln: ▬
Ende des Spiels: ▬

5 Sucht euch zwei weitere Kinder für eine Gruppe für die Aufgaben 6–7.

6 Spielt das Spiel gemeinsam.

7 Waren alle Spielregeln sinnvoll? Haben Regeln gefehlt? Sprecht darüber.

26

Ideen für ein Brettspiel entwickeln
Ideen für Ereigniskarten formulieren
Eine Spielanleitung schreiben

KV 107
Fö 108/Fo 49, 50

Eine Wegbeschreibung für eine Schatzsuche verfassen

1 Schau dir den Plan für die Schatzsuche an. Lies die Stichwörter.

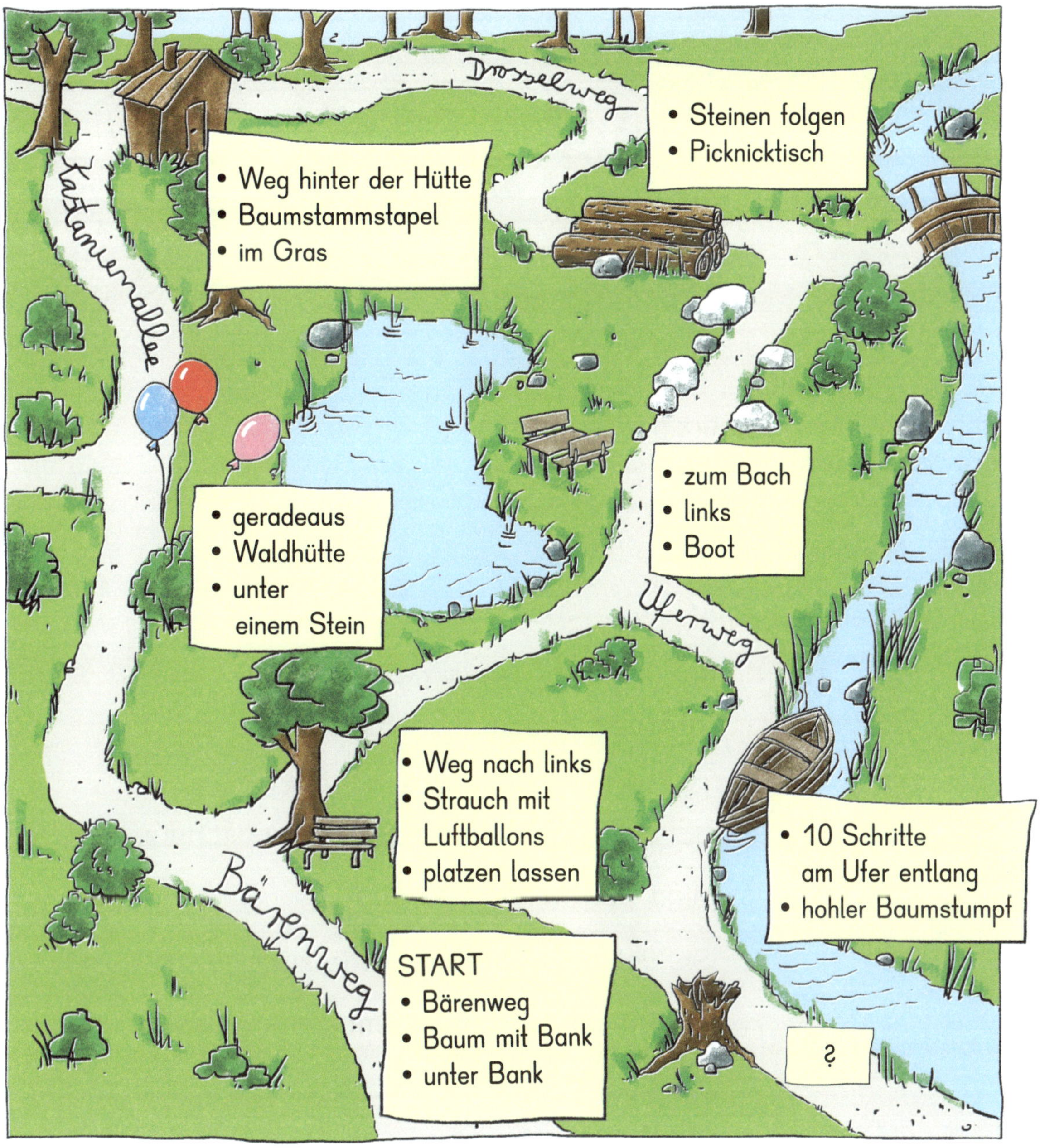

Drosselweg

- Steinen folgen
- Picknicktisch

Kastanienallee

- Weg hinter der Hütte
- Baumstammstapel
- im Gras

- geradeaus
- Waldhütte
- unter
  einem Stein

- zum Bach
- links
- Boot

Uferweg

- Weg nach links
- Strauch mit
  Luftballons
- platzen lassen

- 10 Schritte
  am Ufer entlang
- hohler Baumstumpf

Bärenweg

START
- Bärenweg
- Baum mit Bank
- unter Bank

?

2 Schreibe die Anweisungen für die Schatzsuche ins Heft. Nutze die Stichwörter auf dem Plan.

3 Plane mit einem Partnerkind eine Schatzsuche für die Klasse auf dem Schulhof. Zeichnet einen Plan und schreibt dann die Zettel für die einzelnen Stationen.

2) Station 1: Geht den Bärenweg entlang, bis ihr zu einer Bank an einem Baum kommt. Sucht unter der Bank nach einem Zettel.
Station 2:

Berichte schreiben

Was ist denn hier passiert?

1 Sprich mit einem Partnerkind.
Beantwortet Floras Frage.

2 Lies den Bericht.

Unfall auf dem Schulhof

- Am 5. September kam es in der Hofpause zu einem Unfall.

- Der Unfall ereignete sich am Kletterturm auf dem Schulhof der Eulengrundschule.

- Sina war auf dem Turm.

- Sie fiel vom Turm und verletzte sich am Bein.

Wie oder warum?   Ein Balken war alt und morsch und zerbrach, als Sina daraufstieg.

3 Lest die Fragen.
Ordnet die Fragewörter den passenden Sätzen im Bericht zu.

Was passierte?   **Wann** passierte es?   **Wo** passiert es?

Wer war beteiligt?   **Wie oder warum** kam es dazu?

> Einen **Bericht** schreibst du **kurz und sachlich**.
> Darin beantwortest du die **W-Fragen: Wann?, Wo?, Was?, Wer?, Wie oder warum?**.
> Du verwendest für einen Bericht das **Präteritum**.

28

Sich über ein Bild austauschen
Einen Bericht lesen
W-Fragen als Schreibhilfe für einen Bericht kennenlernen

KV 108
Fö 109

Einen Bericht untersuchen und schreiben

 **1** Schaut euch das Bild an
und lest den Bericht.

Schadensbericht

Bei uns in der Schule ist immer was

los. Am Montag, den 14. April,

kam es in der großen Pause zu einem

Schadensfall. In zwei Wochen

wird nämlich das Hockeyturnier an der Mühlenschule stattfinden

und alle Klassen trainieren fleißig. Das Hockeyfeld war am Montag

natürlich schon wieder besetzt. Deshalb trainierten einige Kinder der Klasse 4a

auf dem Schulhof vor dem Klassenzimmer der 2b. Wir hatten alle

unsere Hockey-Kleidung angezogen. Mika setzte das Kuscheltier

unserer Klasse hinter das Tor. Das sollte Glück bringen.

Zuerst ging alles ganz gut. Aber dann passierte es. Tom spielte den Ball

zu Jan. Der holte mit seinem Schläger aus, traf den Ball aber nicht richtig.

Der Ball flog mit voller Wucht durch die Luft. Klirr!

Eine Fensterscheibe zerbrach. Jan schrie Tom an:

„Kannst du nicht besser zuspielen? Das bezahle ich nicht!"

> Wörtliche Rede
> gehört nicht
> in einen Bericht.

2 Überarbeitet den Schadensbericht von Aufgabe 1.

a) Zeige einem Partnerkind die Antworten auf die W-Fragen:
   Wann passierte es?, Wo passierte es?, Was passierte?,
   Wer war beteiligt?, Wie oder warum kam es dazu?.
   Tipp: Einige Wörter kannst du mit mehreren Fragen zuordnen.

b) Einige Sätze gehören nicht in einen Schadensbericht.
   Zeige sie deinem Partnerkind.

3 Überarbeite den Bericht von Aufgabe 1
und schreibe ihn neu ins Heft.
Die **W-Fragen** von Aufgabe 2 helfen dir.

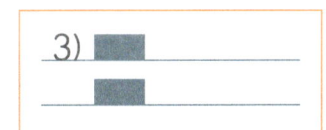

Textpassagen W-Fragen zuordnen
Unwesentliches aus einem Bericht streichen
Einen Bericht überarbeiten und schreiben

KV 109, 110
Fö 109, 110, 111

 101

29

Einen Bericht aus zwei Perspektiven schreiben

1 Mila und Emil waren bei einer Streitschlichterin.
Lies ihre Stichwortzettel.

Emils Zettel

Wann? in der großen Pause

Wo? zwischen der Schaukel und der Tischtennisplatte

Wer? Mila aus der 4a

Was? Mila trat mich

Wie oder warum? Ich war auf dem Weg zur Schaukel und habe Mila nicht gesehen. Keine Ahnung, warum sie mich getreten hat.

Milas Zettel

Wann? gestern in der Hofpause

Wo? an der Tischtennisplatte

Wer? Emil aus der 4b

Was? Emil schubste mich

Wie oder warum? Emil ärgert mich immer

2 Wie sieht Mila den Streit?
Wie sieht Emil den Streit?
Schreibe zwei Berichte ins Heft.

2) Mila: ▮▮▮▮▮▮▮▮▮▮▮▮
▮▮▮▮▮▮▮▮▮▮▮▮
Emil: ▮▮▮▮▮▮▮▮▮▮▮▮
▮▮▮▮▮▮▮▮▮▮▮▮

3 Wieso sind Milas und Emils Berichte unterschiedlich?
Erkläre im Heft.

3) ▮▮▮▮▮▮▮▮▮▮▮▮
▮▮▮▮▮▮▮▮▮▮▮▮

4 Suche dir ein Partnerkind für die Aufgaben 4–5.
Was würdet ihr als Streitschlichterin oder Streitschlichter Mila oder Emil raten?

5 Hast du schon mal eine ähnliche Situation wie Mila und Emil erlebt?
Erzähle es einem Partnerkind.

Stichwortzettel zu Berichten vergleichen
Einen Bericht aus einer bestimmten Perspektive schreiben
Einen Streit schlichten

Einen Bericht zu Bildern schreiben

1 Schau dir die Bilder an.

2 Viele Kinder haben die Prügelei gesehen und berichten der Lehrerin. Lies die Sprechblasen.

Das machen die immer.

Wir wollten David gegen Can und Lisa helfen.

David hat sich nur gewehrt.

Can und Lisa wollten sich vordrängeln.

Es war am Anfang der großen Pause.

3 Beantworte mithilfe der Bilder und der Aussagen der Kinder die **W**-Fragen im Heft.

3) Was ist passiert?

Was ist passiert?

Wann ist es passiert?

Wo ist es passiert?

Wer war beteiligt?

Wie ist es passiert?

Denke daran: kurz und sachlich!

4 Schreibe mit den Antworten von Aufgabe 3 einen Bericht über die Prügelei ins Heft.

4)

Aus einer Bildfolge Anfworten auf die W-Fragen ableiten
W-Fragen als Strukturierungshilfe nutzen
Einen Beriht mithilfe von Stichworten schreiben

KV 108
Fö 110, 111/Fo 51

T4

101

31

Ein Drehbuch für einen Trickfilm schreiben

Hast du das nächste Foto gemacht? Dann schiebe ich jetzt alles ein bisschen weiter.

 **1** Suche dir zwei Kinder für eine Gruppe für die Aufgaben 2–8.

 **2** Sprecht über diese Fragen:

a) Was ist ein Trickfilm?

b) Wie produziert man ihn?

3 Lest die Witze.
Welchen Witz wollt ihr als Trickfilm produzieren? Entscheidet.

> Zwei Frösche sitzen am Seeufer. Plötzlich beginnt es zu regnen. Sagt der eine Frosch: „Schnell ins Wasser, bevor wir noch nass werden."

> Gehen zwei Zahnstocher im Wald spazieren. Plötzlich läuft ein Igel an ihnen vorbei. Da sagt der eine Zahnstocher zum anderen: „Sag mal, wusstest du, dass hier ein Bus fährt?"

 **4** Plant euren Trickfilm. Lest und schreibt ins Heft.
Kontrolliert, was ihr schon habt, und besorgt, was noch fehlt.

a) Material:

- Tablet oder Smartphone
- App zum Erstellen des Trickfilms
- Befestigung für das Gerät
- farbige Pappe als Hintergrund für den Trickfilm

Sich über die Möglichkeiten für die Präsentation
von Medienprodukten austauschen

b) Wie ist der **Titel** eures Trickfilms?

c) Was ist auf der Pappe für den **Hintergrund** zu sehen?

d) Welche **Figuren** und **Gegenstände** sind in eurem Trickfilm zu sehen?

4 b) Titel: ▬

▬

 **5** Was sagen die Figuren?
Notiert im Heft, was später in den Sprechblasen in eurem Film steht.

5) Figur	Text
▬	▬
▬	▬
▬	▬

 **6** Stellt den Hintergrund, die Figuren und die Sprechblasen für euren Trickfilm her.
Verteilt die Aufgaben untereinander.

 **7** Produziert den Trickfilm mithilfe einer App.
Verschiebt eure Bilder immer nur ein wenig und macht dann ein Foto.
Mithilfe der App wird aus den Bildern dann ein Trickfilm.

8 Präsentiert euren Trickfilm in der Klasse.

Ihr könnt etwas malen und ausschneiden oder Bilder ausdrucken.

In einem Trickfilm werden viele Bilder von einzelnen Szenen gemacht. Diese werden hintereinander abgespielt. Für uns sieht es dann so aus, als würden sich die Figuren und Formen bewegen. Ein anderes Wort für diese Technik ist **Stop Motion**. Einen Trickfilm musst du planen. Für die Herstellung benötigst du ein Aufnahmegerät, einen Hintergrund, Bilder und Texte zum Legen.

Einen Trickfilm planen
Gestaltungsmittel von Medienproduktionen planen und anwenden
Einen Trickfilm produzieren und präsentieren

KV 111, 112, 113
Fö 112, 113/Fo 52, 53

102

33

Eine Fabel als Trickfilm umsetzen

1 Suche dir zwei Kinder für eine Gruppe für die Aufgaben 2–10.

2 Lies die Fabel zuerst allein.

Die Schildkröte und der Hase
von Aesop

Eine Schildkröte wurde wegen ihrer Langsamkeit vom Hasen verspottet.
Trotzdem wagte sie es, den Hasen zum Wettlauf herauszufordern.
Der Hase ließ sich mehr aus Scherz als aus Prahlerei darauf ein.

Es kam der Tag, an dem der Wettlauf stattfinden sollte.
5 Das Ziel wurde festgelegt und beide betraten im gleichen Augenblick
die Laufbahn. Die Schildkröte kroch langsam und unermüdlich.
Der Hase dagegen legte sich mit mächtigen Sprüngen gleich ins Zeug,
wollte er den Spott für die Schildkröte doch auf die Spitze treiben.

Als der Hase nur noch wenige Schritte vom Ziel entfernt war,
10 setzte er sich schnaufend ins Gras und schlief kurz darauf ein.
Die großen Sprünge hatten ihn nämlich müde gemacht.
Doch plötzlich sah sich der Hase vom Jubel der Zuschauer geweckt,
denn die Schildkröte hatte gerade das Ziel erreicht und gewonnen.

Der Hase musste zugeben, dass das Vertrauen in seine Schnelligkeit
15 ihn so leichtsinnig gemacht hatte, dass sogar ein langsames Kriechtier
ihn mit Ausdauer besiegen konnte.

3 Plant euren Trickfilm. Lest und schreibt.
Kontrolliert, was ihr schon habt, und besorgt, was noch fehlt.

   a) Material:

- Tablet oder Smartphone
- App zum Erstellen des Trickfilms
- Befestigung für das Gerät
- farbige Pappe als Hintergrund für den Trickfilm

   b) Wie ist der Titel eures Trickfilms?

Eine Fabel lesen
Einen Trickfilm planen
Gestaltungsmittel von Medienproduktionen planen und anwenden

 **4** Lest und ergänzt die Planung für die erste Szene im Heft.

a) Welchen **Titel** hat euer Film?

b) Welche **Figuren** und **Gegenstände** sind in eurem Film zu sehen?

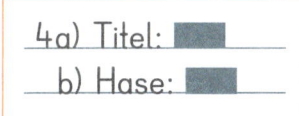

4a) Titel: ▇▇▇

b) Hase: ▇▇

 **5** Lest die erste Szene der Fabel auf Seite 34.
Lest dann, was die Figuren sagen könnten.

Szene 1:

Figur	Text
Hase:	Hey Schildkröte, selbst eine Schnecke ist ja schnell gegen dich.
Schildkröte:	Dann lass uns doch mal einen Wettlauf machen.
Hase:	Nichts lieber als das! Das wird sicherlich ein großer Spaß.

Im Trickfilm steht in jeder Sprechblase immer nur ein Satz.

 **6** Verteilt die Szenen 2, 3 und 4 untereinander.
Jedes Kind legt im Heft eine Tabelle wie in Aufgabe 5 an
und schreibt die Dialoge für eine Szene.
Ihr könnt auch einen neuen Dialog für Szene 1 schreiben.

 **7** Stellt den Hintergrund, die Figuren,
die Sprechblasen und die Gegenstände
für euren Trickfilm her.
Verteilt die Aufgaben untereinander.

Ihr könnt auch mehrere Sprechblasen für eine Figur erstellen und sie nacheinander hinlegen.

 **8** Produziert den Trickfilm mithilfe einer App
Szene für Szene. Verschiebt eure Bilder
immer nur ein wenig und macht dann ein Foto.
Mithilfe der App wird aus den Bildern dann ein Trickfilm.

 Tipp

9 Präsentiert euren Trickfilm
in der Klasse.
Lasst euch eine Rückmeldung geben.

 **10** Sucht im Internet nach weiteren Fabeln.
Setzt eine davon als Trickfilm um.

Gestaltungsmittel von Medienproduktionen planen und anwenden
Ein Drehbuch für einen Trickfilm erstellen
Einen Trickfilm produzieren und präsentieren

KV 114, 115, 116
Fö 112, 113

102

35

Ein Haiku kennenlernen

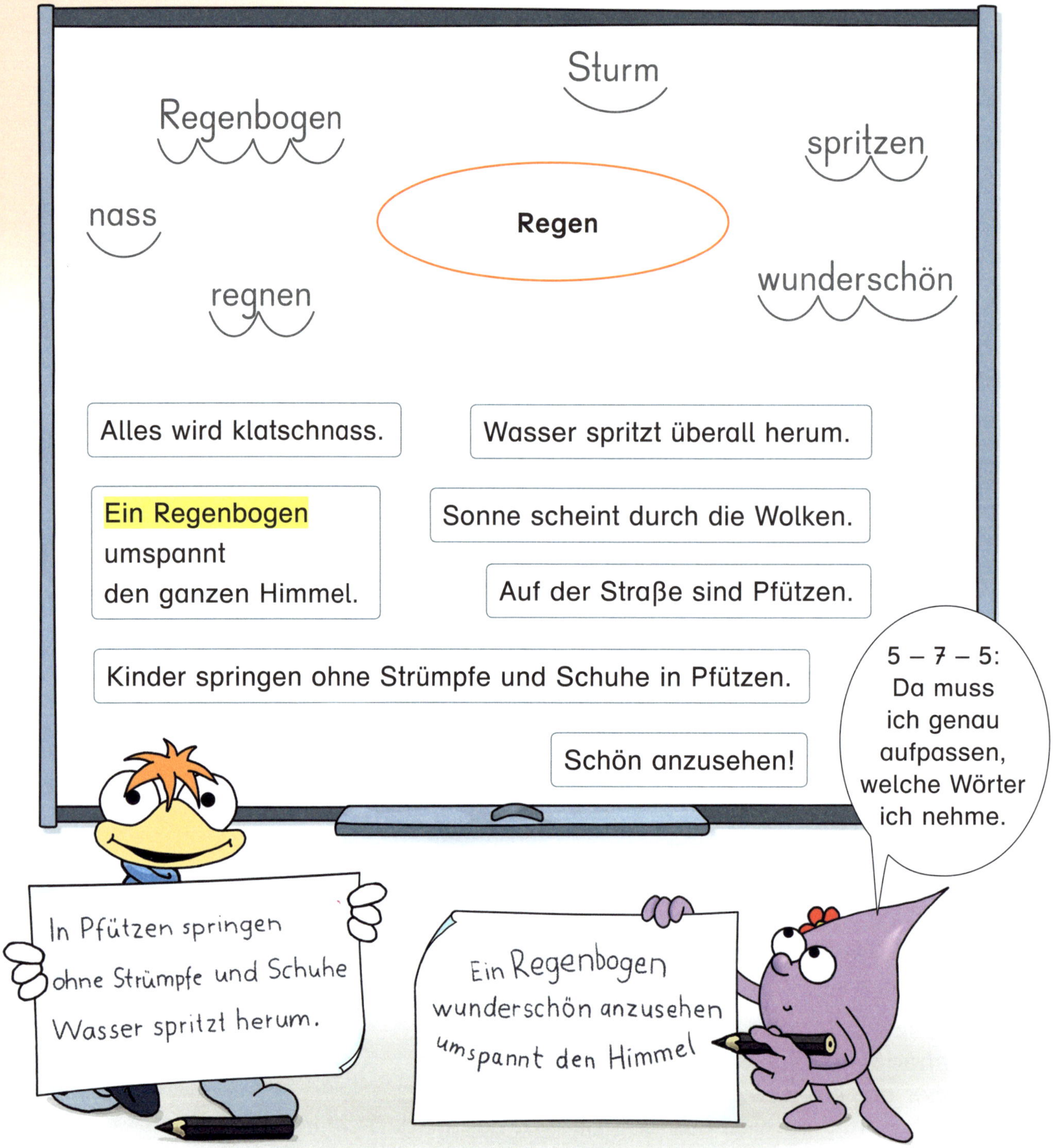

Sturm

Regenbogen

spritzen

nass

Regen

regnen

wunderschön

Alles wird klatschnass.

Wasser spritzt überall herum.

Ein Regenbogen
umspannt
den ganzen Himmel.

Sonne scheint durch die Wolken.

Auf der Straße sind Pfützen.

Kinder springen ohne Strümpfe und Schuhe in Pfützen.

Schön anzusehen!

5 – 7 – 5:
Da muss
ich genau
aufpassen,
welche Wörter
ich nehme.

In Pfützen springen
ohne Strümpfe und Schuhe
Wasser spritzt herum.

Ein Regenbogen
wunderschön anzusehen
umspannt den Himmel

1 Sprich mit einem Partnerkind. Was meint Flora?

2 Zeige einem Partnerkind in den Sätzen die Wörter, die Flora für ihr Gedicht verwendet hat. Zeige ihm dann die Wörter, die Flex ausgesucht hat.

3 Schreibe die Gedichte von Flex und Flora ins Heft.
Zeichne Silbenbögen.

3) In Pfützen …

Sprachliche Verdichtung für ein Haiku nachvollziehen
Ein Haiku als eine besondere Gedichtform kennenlernen

4 Zähle die Silben in den Versen der Gedichte.
Notiere die Anzahl im Heft.

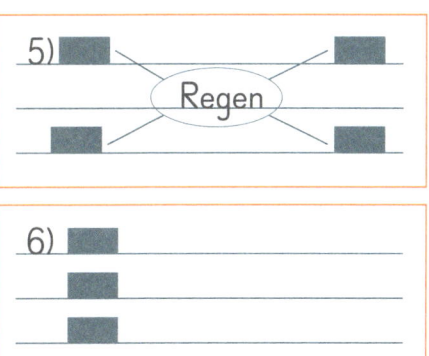

4) Flora: 1. Vers: ▆▆
2. Vers: ▆▆
3. Vers: ▆▆▆

Ein **Haiku** ist ein besonderes **Gedicht**.
Es kommt aus dem Japanischen und beschreibt Dinge aus der Natur.
Das Haiku hat drei Verse. Im ersten Vers stehen fünf Silben,
im zweiten Vers sieben Silben und im dritten Vers wieder fünf Silben.

5 Sammle Stichwörter zum Thema **Regen**
in einem Gedankenschwarm.
Schreibe ins Heft.

5) ▆▆   ▆▆
Regen
▆▆   ▆▆

6 Bereite dein Haiku vor.

a) Schreibe Sätze zum Thema **Regen**
mit Wörtern aus deinem Gedankenschwarm
von Aufgabe 5 ins Heft.

6) ▆▆
▆▆
▆▆

b) Zeichne Silbenbögen unter die Wörter
in deinen Sätzen.

c) Wähle Wörter für dein Haiku aus und markiere sie.
Achte auf die Anzahl der Silben.

7 Schreibe ein Haiku ins Heft.

7) 1. Vers (5 Silben): ▆▆
2. Vers (7 Silben): ▆▆
3. Vers (5 Silben): ▆▆

8 Schreibe dein Haiku auf ein Schmuckblatt
und stelle es aus.
Du kannst dein Gedicht auch digital schreiben
und gestalten.

Du kannst dein
Gedicht auch
verschenken.

Den Aufbau eines Haikus erkennen
Ideen für ein Haiku sammeln und Sätze schreiben
Ein Haiku schreiben

KV 117
Fö 114/Fo 54
HR

103   AH S. 60-61   **37**

Eine Klassenzeitung planen und schreiben

1. Suche dir drei Kinder für eine Gruppe für die Aufgaben 2–6.

2. Was meint Flex? Sprecht in der Gruppe darüber.

3. Was könnte in einer Klassenzeitung stehen? Sammle deine Ideen im Gedankenschwarm. Schreibe ins Heft.

3)
Ideen für die
Klassenzeitung

4. Stelle einem Kind aus deiner Gruppe deine Ideen von Aufgabe 3 vor. Danach stellt dein Partnerkind dir seine Gedanken vor. Welche Themen sind euch besonders wichtig? Schreibt ins Heft.

4)

Jedes Kind aus unserer Klasse ist besonders. Darüber schreibe ich. Dani kann gut Witze erzählen. Stella …

Das Medium Klassenzeitung kennenlernen
Strategien zur Ideenfindung einsetzen

 **5** Stellt euch in der Vierergruppe gegenseitig die Ergebnisse von Aufgabe 4 vor.
Welche Ergebnisse wollt ihr in der Klasse vorstellen?
Einigt euch und macht euch Notizen.

 **6** Stellt eure Arbeitsergebnisse von Aufgabe 5 in der Klasse vor.

a) Sammelt in der Klasse die möglichen Themen für eure Klassenzeitung.

b) Entscheidet, zu welchen Themen ihr etwas schreiben wollt.

c) Entscheidet, wer welchen Zeitungsbeitrag übernimmt.

d) Notiere, welche Beiträge du schreiben wirst.
Du kannst auch Texte nutzen, die du schon geschrieben hast.

Tipps für eine Klassenzeitung

Planung
- Wir sammeln gemeinsam Ideen
  und entscheiden uns für Themen.
- Wir verteilen die Themen untereinander.
- Wir legen fest, wann die Beiträge fertig
  sein müssen.
- Wir erarbeiten unsere Beiträge.
- Wir entscheiden, ob wir die Texte
  leserlich mit der mit der Hand
  oder digital schreiben.
- Am Ende verbessern wir die Fehler.

Layout
- Wir legen die Reihenfolge
  fest.
- Wir suchen passende
  Fotos oder Bilder.
- Wir achten auf eine
  gute Gliederung und
  ansprechende
  Gestaltung jeder Seite.

Ein Gespräch in der Gruppe kooperativ durchführen
Textproduktionen zielgerichtet planen und auswählen
Möglichkeiten der Gestaltung von Texten für eine Publikation diskutieren

KV 118, 119, 120, 121
Fö 116, 117/Fo 55, 56

104-105   **39**

Eine Klassenzeitung veröffentlichen

 **1** Suche dir ein Partnerkind
für die Aufgaben 2 und 3.

2 Lies die Texte zuerst allein und schau die Bilder an. Verbinde Text und Bild.

Rani

Unsere Klassenzeitung erscheint online. Unsere Lehrerin hat uns auf einer Internetplattform angemeldet. Dort können wir selbst Texte schreiben, Bilder und Audio-Dateien oder auch Videofilme hochladen.

Mesut

Wir haben unsere Klassenzeitung drucken lassen. Manche Kinder haben ihre Texte am Computer geschrieben, andere mit der Hand. Alle Kinder haben eine Zeitung bekommen.

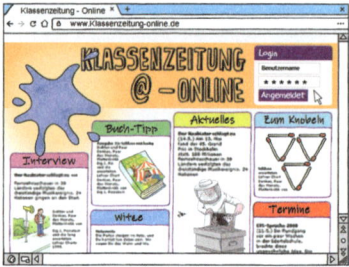

Nele

Wir haben unsere Texte am Computer geschrieben und Bilder digital eingefügt. Man kann die Zeitung im PDF-Format online auf der Hompage unserer Schule lesen. Dafür braucht man ein Passwort.

 **3** Welche Vorteile und welche Nachteile haben die einzelnen Arten der Veröffentlichung? Wie würdet ihr gern eure Klassenzeitung veröffentlichen? Sprecht darüber.

Hinweise zum Datenschutz

Wenn du einen Text schreibst, ein Bild malst oder ein Foto machst, dann bist du die **Urheberin** oder der **Urheber**. Bevor etwas von dir veröffentlicht wird, musst du zustimmen.

Willst du ein Foto veröffentlichen, auf dem eine Person zu sehen ist, brauchst du immer eine **Einverständniserklärung** von dieser Person. Sind mehrere Personen auf dem Foto zu sehen, benötigst du von jeder Person diese Erklärung. Bei Fotos von Kindern müssen die Eltern zustimmen.

Veröffentlichungsmöglichkeiten für eine Klassenzeitung kennenlernen
Gestaltungsmöglichkeiten für eine Abschlusszeitung kennenlernen
Hinweise zum Datenschutz kennenlernen

KV 118, 119, 120, 121
Fö 117